# Inhalt

# Branchenreport LEBENSMITTEL Ausgabe 2/2010

*M.Hofstetter*

## Kernthesen

- Die deutsche Ernährungsindustrie erholt sich 2010 langsam von den katastrophalen Umsatzrückgängen des vergangenen Jahres.
- Der Lebensmitteleinzelhandel verzeichnet leichte Umsatzrückgänge in Deutschland, betroffen davon sind vor allem die Discounter.
- Das allgemeine Serviceniveau hat sich im deutschen Lebensmitteleinzelhandel leicht verbessert.

## Beitrag

# Ernährungsindustrie - nur marginales Plus

Die deutsche Ernährungswirtschaft hat ihre Umsätze im ersten Halbjahr 2010 nur marginal steigern können. Sie erhöhte den Umsatz laut der Bundesvereinigung der deutschen Ernährungsindustrie e.V. (BVE) in den ersten sechs Monaten des laufenden Jahres im Vergleich zum entsprechenden Vorjahreszeitraum um 0,5 Prozent auf 73,5 Milliarden Euro. Wachstumsmotor war das Exportgeschäft, das im Zeitraum von Januar bis August sogar um 8,5 Prozent auf 26,7 Milliarden Euro zulegte. Die Herstellerpreise gaben laut BVE um 1,2 Prozent nach. Die Verbraucherpreise für Nahrungsmittel einschließlich alkoholfreier Getränke zogen im Mittel um 0,1 Prozent an. Dabei hat die Branche im Zeitraum von Januar bis August 2010 sogar um 1,4 Prozent mehr Personen beschäftigt als im Vorjahreszeitraum, was 7 500 neu geschaffenen Arbeitsplätzen entspricht. [1], (22)

Die Folgen der Abhängigkeit der weltweiten Ernährungsindustrie von einer letztlich äußerst begrenzten Anzahl von Produzenten und deren Vermarktern zeigten sich in den letzten Jahren anhand der Verknappung von Rohstoffen. Im Inland dominiert die hohe Wettbewerbsintensität und der damit verbundene Preisdruck belastet nach wie vor die Ertragssituation der Ernährungsindustrie. Langfristige Kalkulierbarkeit wird immer schwieriger, zumal sich die Auswirkungen der globalen Klimaveränderung in verheerenden Ernteergebnissen spiegeln. Bei Produktsparten wie Getreide beispielsweise waren Preisanstiege von über 60 Prozent in den letzten zwölf Monaten zu verzeichnen. Aber auch der unverzollte Preis für getrocknete Knoblaucharartikel stieg binnen weniger Monate von rund 0,60 Euro pro Kilogramm auf drei Euro pro Kilogramm - mit steigender Tendenz. Für Premiumartikel waren sogar rund sechs Euro pro Kilogramm zu zahlen. Für Muskatnüsse werden zurzeit rund zwölf Euro pro Kilogramm gezahlt, von einem Preisniveau um die drei Euro pro Kilogramm kommend. Europa hat sich also auf ständig teurer werdende landwirtschaftliche Rohwaren einzustellen. Eine Alternative in anderweitiger Beschaffung ist nicht zu sehen. (1), (2), (3), (22), [Abb. 1]

# Vier große Konzerne dominieren weltweit

In den Supermärkten rund um den Globus habe vier Giganten einen inzwischen fast beängstigende Marktstellung.
Unumstrittener Marktführer ist der Schweizer Nestlé

Konzern, der mit weltweit 278 000 Mitarbeitern im Jahr 2009 66,6 Milliarden Euro umsetzte. Die bekanntesten Marken sind wohl Nescafe, Perrier, Mars und Wagner Pizza.

Der niederländisch-britische Konzern Unilever hat weltweit 170 000 Mitarbeiter und 2009 einen Umsatz 39,8 Milliarden Euro. Bekannt durch Namen wie Langnese, Knorr, Becel und Lipton.

Kraft Foods mit 97 000 Mitarbeitern setzte 2009 noch 29 Milliarden Euro um, die Übernahme von Cadbury werden die Umsätze aber deutlich steigern und den "Schokoladeriesen" weltweit auf Rang zwei vorschieben. Bekannteste Marken sind Jacobs, Kraft, Milka, Philadelphia, Miracoli und Toblerone.

Der französische Danone Konzern, mit 79 000 Mitarbeiter weltweit, setzte 2009 rund 14 Milliarden Euro um und ist aus der Gigantenriege der Konzern, der am stärksten von den Schwellenländern profitiert. Die bekanntesten Produkte sind Fruchtzwerge, Gervais, Milupa und Volvic. (23)

# Biermarkt - Exportzuwachs kann Inlandsminus nicht abfangen

Die Brauereien und Bierlager in Deutschland haben

im ersten Halbjahr 2010 rund 49 Millionen Hektoliter Bier abgesetzt. Das waren nach Angaben des Statistischen Bundesamtes (Destatis) 400 000 Hektoliter oder 0,7 Prozent weniger als in den ersten sechs Monaten 2009. Nicht darin eingeschlossen sind alkoholfreie Biere und Malztrunk sowie das aus Ländern außerhalb der Europäischen Union eingeführte Bier. Biermischungen, also Bier gemischt mit Limonade, Cola, Fruchtsäften und anderen alkoholfreien Zusätzen, machten im ersten Halbjahr 2010 mit zwei Millionen Hektoliter einen Anteil von 4,1 Prozent am gesamten Bierabsatz aus. Gegenüber dem Vergleichszeitraum des Vorjahres wurden in diesem Segment 4,3 Prozent weniger abgesetzt.

In der ersten Jahreshälfte 2010 waren 84,3 Prozent des gesamten Bierabsatzes für den Inlandsverbrauch bestimmt. Die Biermenge verringerte sich um 2,1 Prozent auf 41,3 Millionen Hektoliter. Als steuerfreie Exporte und unentgeltlicher Haustrunk für Beschäftigte der Brauereien wurden 7,7 Millionen Hektoliter Bier abgesetzt. Gegenüber der Vorjahresperiode ist das ein Plus von 7,2 Prozent. (4)

# Wassermarkt - Absatz und Umsatz steigen

Im Zeitraum von April 2009 bis März 2010 tranken die

deutschen Verbraucher laut Nielsen 12 450 Millionen Liter Mineralwasser. Darin eingeschlossen sind alle Produktlinien: Mineralwasser mit und ohne Kohlensäure sowie wenig Kohlensäure, Wasser mit Geschmack, Tafelwasser und Heilwasser. Das ist ein Plus von 5,5 Prozent gegenüber dem entsprechenden Vorjahreszeitraum. Die Branche konnte den Umsatz fast im gleichen Ausmaß steigern. Dieser erhöhte sich um 4,8 Prozent auf rund 3,8 Milliarden Euro.

Dabei repräsentieren die zehn größten Markenhersteller 29 Prozent des Mineralwasservolumens. Berücksichtigt sind jedoch nur die Wässer ohne Zusätze. Dabei haben sich die Hersteller in den vergangenen zwölf Monaten recht unterschiedlich entwickelt. Laut Nielsen war einer der beiden herausragenden Gewinner im Absatzvolumen Nestlé Waters Deutschland mit seinen Regionalmarken Fürst Bismarck und Neuselters, den Importmarken Vittel und S. Pellegrino, den nationalen Marken Frische Brise und Aquarel sowie dem internationalen Label Pure Life. Die deutsche Nestlé Waters-Dependance legte unter den Top Ten-Wassermarken in den vergangenen zwölf Monaten zwischen Anfang Juni 2009 und Ende Mai 2010 in der Menge überdurchschnittlich um 8,1 Prozentpunkte zu und erreichte damit einen Marktanteil von 5,2 Prozent. Noch mehr hat Coca-Cola mit seinen Marken Apollinaris, Vio und Bonaqua zugelegt, das

Plus lag bei 20,5 Prozent. Allerdings ist die Basismenge deutlich niedriger als die von Nestlé Waters. (5), (15), [Abb. 2]

# Tabakmarkt - Lebensmitteleinzelhandel baut Anteile aus

Der deutsche Lebensmittelhandel konnte laut Nielsen im ersten Halbjahr 2010 seinen Marktanteil im Tabakwarenmarkt ausbauen. Während in den ersten sechs Monaten 2010 der Gesamtmarkt Zigarette um 4,1 Prozent schrumpfte, stiegen die Zigarettenverkäufe des Lebensmitteleinzelhandels um 0,4 Prozent, der Marktanteil kletterte von 32,6 Prozent auf 34,2 Prozent. Wesentlichen Anteil hatten die billigen Handelsmarken in den Segmenten Zigarette, Feinschnitt und Ecocigarillos, deren Marktanteil von 10,2 Prozent auf 11,9 Prozent stieg. Der Absatz von Zigaretten über die Convenience-Schiene bestehend aus Fachhandel, Nebenhandel und Tankstellen schrumpfte in den ersten sechs Monaten um 4,3 Prozent in der Menge, der Marktanteil blieb stabil bei 55,7 Prozent. Stark reduziert hat sich der Absatz über Automaten. Den Nielsen-Zahlen zufolge ging er um 15,8 Prozent zurück, der Markanteil schrumpfte von 11,7 Prozent auf 10,3 Prozent.

Kumuliert für das erste Halbjahr 2010 erreichten die Auslieferungen von Fabrikzigaretten laut der Die Tabak Zeitung ein Volumen von 40 961 Milliarden Stück. Dies entspricht einem Minus von 2,4 Prozent gegenüber den ersten sechs Monaten 2009. Die Markenzigaretten verloren dabei mit 35 849 Milliarden Stück vier Prozent. Gleichzeitig stieg der Absatz der Handelsmarken um rund 11,1 Prozent auf 5 112 Milliarden Zigaretten. Im Plus ist auch der Feinschnitt. Im ersten Halbjahr wuchs der Feinschnittabsatz um 4,5 Prozent auf zirka 12 904 Tonnen. Zugenommen haben auch die Auslieferungen von Tabaksträngen, die im ersten Halbjahr ein Plus von elf Prozent auf 532 Millionen Zigaretten verzeichneten. Ecocigarillos dagegen mussten einen Rückgang von 1,8 Prozent auf 1 362 Milliarden Stück hinnehmen. (6), (7)

# Biomarkt - Naturkostfachhandel wächst stärker

Der Biomarkt in Deutschland befindet sich wieder auf Wachstumskurs. Dabei verzeichnete Bio aus dem Fachhandel gegenüber den Biosortimenten des konventionellen Lebensmitteleinzelhandels und der Discounter im zweiten Jahr hintereinander das stärkere Wachstum. Dies zeigen Zahlen der

Fachzeitschrift BioHandel auf Grundlage des GfK Haushaltspanels und der Umsatzerhebungen des Bundesverbands Naturkost Naturwaren (BNN) Herstellung und Handel. Sie enthalten sowohl bestehende Fläche als auch Neueröffnungen. Danach erreichte der Naturkostfachhandel im ersten Halbjahr 2010 ein Umsatzplus von 9,1 Prozent, während der Lebensmitteleinzelhandel lediglich auf ein Plus von 4,5 Prozent kam. Eine drastische Entwicklung zeichnet sich bei den Discountern ab. Zwar steigerten sie bei Bio ihre Mengen im ersten Halbjahr 2010 um rund zehn Prozent. Doch wurde dieses Wachstum nur aufgrund eines deutlichen Preisverfalls erzielt. Entsprechend nahm der Umsatz lediglich um drei Prozent zu. Im Gegensatz hierzu blieben die Preise im Fachhandel weitestgehend konstant. Weitere Indizien für die Stabilität des Naturkostfachhandels sind die um drei Prozent gestiegenen Kundenzahlen pro Tag sowie der um 3,2 Prozent gestiegene Bonwert je Einkauf.

Auch das Umsatzbarometer BioHandel meldete positive Ergebnisse für die ersten sechs Monate 2010. Danach erzielte der Naturkosteinzelhandel einen Zuwachs von 4,8 Prozent im Vergleich zur Vorjahresperiode. Die Zuwachsraten im Umsatzbarometer BioHandel fallen aus methodischen Gründen regelmäßig geringer als in der Statistik des BNN, weil das Barometer neu eröffnete Läden und Erweiterungsflächen nicht berücksichtigt.

Die Marktforscher der AMI Agrarmarkt Informations-Gesellschaft errechnen bei Bio für das erste Halbjahr 2010 ein Mengenplus von rund fünf Prozent. Dass der Umsatz im Biosegment in diesem Zeitraum nur knapp zwei Prozent wuchs, weist auf Preissenkungen hin. (8), (9), (10)

# Lebensmitteleinzelhandel - Discounter enttäuschen

Nach Angaben der GfK verzeichneten die Vertriebsschienen des Lebensmitteleinzelhandels - dazu zählt GfK Vollsortimenter, Drogeriemärkte und Discounter - in den ersten sechs Monaten 2010 Umsatzeinbußen in Höhe von 0,6 Prozent. Zu dem gleichen Ergebnis kommt Nielsen. Der Marktforscher aus Frankfurt meldet für den Lebensmitteleinzelhandel auf Flächen über 100 Quadratmeter und die Drogeriemärkte in den ersten fünf Monaten 2010 im Vergleich zum Vorjahr ein Minus von 1,1 Prozent beziehungsweise 1,3 Prozent. Allerdings stand 2010 ein Verkaufstag weniger zur Verfügung, was den Rückstand gegenüber 2009 bereinigt auf 0,3 Prozent reduzierte.

Enttäuschend war die Entwicklung der Discounter. Diese hatten mit Ausnahme von Lidl durchweg Einbußen bei der Einkaufsfrequenz zu verzeichnen. Dies konnte auch durch eine im Schnitt höhere Summe auf dem Kassenzettel nicht ausgeglichen werden. Per Saldo liegen die Billiganbieter nach sechs Monaten den GfK-Angaben zufolge wertmäßig knapp ein Prozent unter dem Vorjahresniveau. Zwar konnten Aldi, Lidl, Netto und die übrigen Discounter im Juni mit einem Plus von rund vier Prozent überdurchschnittliche Wertzuwächse erzielen, Systemführer Aldi war jedoch mit einem Minus von knapp zwei Prozent erneut der stärkste Verlierer. Auch Nielsen meldet für den Discount einen Umsatzrückgang. Nach fünf Monaten lag das Minus nominal bei 2,6 Prozent und flächenbereinigt bei 1,9 Prozent. Allerdings erhebt Nielsen keine Umsätze bei Aldi, Lidl und Norma. Die ausgewiesenen Rückgänge basieren vornehmlich auf dem Umsatzgeschehen bei Netto und Penny.

Auch die SB-Warenhäuser, Läden mit mindestens 2 000 Quadratmeter Verkaufsfläche, kommen nicht aus ihrem seit Jahren anhaltenden Tief heraus. Die großen Einkaufszentren auf der grünen Wiese verlieren einerseits Käufer, andererseits geht auch die Einkaufsfrequenz der verbliebenen Kunden zurück. Dies liegt unter anderem an der steigenden Attraktivität der Lebensmitteleinzelhandels-

Vollsortimenter, vor allem von Rewe und Edeka, die ihren Kunden mehr Service anbieten. Und dieses Konzept scheint aufzugehen, ebenso wie der Ausbau von Mehrwertangeboten im Bereich der Eigenmarken. Durch die Erfolge dieser Eigenmarken erzielte der gesamte Vertriebskanal der Vollsortimenter im bisherigen Jahresverlauf als einziger einen Wertzuwachs, dieser belief sich auf ein Prozent. (11), (12)

# Serviceniveau - leichte Verbesserung feststellbar

Laut ServiceValue hat sich das allgemeine Serviceniveau im Lebensmitteleinzelhandel in den vergangenen zwölf Monaten leicht verbessert. Das ist das Ergebnis der aktuellen Untersuchung zur Servicequalität bei deutschen Supermärkten und Discountern. Vor allem die Servicequalität von Alnatura überzeugte die Kunden, der Biosupermarkt führt mit einem Servicewert "K" (K für Kunde) von 68 Punkten das Ranking von ServiceValue an, 100 Punkte sind maximal möglich. Alnatura gewinnt durch besonders gute Bewertungen in den für Kunden wichtigen Serviceleistungen: Eingehen auf die Kundenbedürfnisse, hilfsbereite Mitarbeiter mit Eigeninitiative und hohe Beratungsqualität.

Auf Rang zwei mit einem K-Wert von 66 Punkten folgen die Globus SB-Warenhäuser, die in allen untersuchten Serviceleistungen über dem Wettbewerbsdurchschnitt liegen. Der Kundenservice von Tegut und Kaufland ist mit 63 und 60 Service-Punkten ebenfalls als sehr empfehlenswert zu bewerten. Dies können auch Discounter, wie es vor allem Aldi Süd mit einem empfehlenswerten Kundenservice vormacht: 58 Prozent der Kunden sind begeistert über die Möglichkeit des problemlosen Umtauschs und 50 Prozent loben die Schnelligkeit bei Bedienung und Kassen. (13), [Abb. 3]

# Vermietungen - Rewe expandiert am stärksten

Der SB-Handel rangierte im ersten Halbjahr 2010 bei den Vermietungen ganz vorn. Besonders die Supermärkte sind ständig auf Standortsuche. Das geht aus einer Analyse des Immobiliendienstleisters CB Richard Ellis (CBRE) hervor. Rewe ist mit gemeldeten 28 Deals expansivster Mieter. Es folgen Edeka mit 24, dm Drogeriemarkt mit 18, Aldi, Kaufland und Lidl mit jeweils 16 Deals. Übernahmen wie die der Tengelmann-Märkte durch Rewe und Tegut sind nicht in die Statistik einbezogen worden.

Die Studie berücksichtigt ausschließlich

Vermietungen, die in den unterschiedlichsten Medien gemeldet werden. Die Zahl der tatsächlichen Deals ist somit deutlich höher. (14), [Abb. 4]

# Trends

## Shopping-Center zieht es in die Innenstädte

Shopping-Center erhöhen in Deutschland ihren Marktanteil. Dies hat eine Studie von GfK Geomarketing im Auftrag des Verbandes German Council of Shopping Centers ergeben. Die Gesamtverkaufsfläche der Center hat sich in den vergangenen Jahren auf über neun Millionen Quadratmeter fast verdoppelt. Investoren zieht es dabei zunehmend in die Innenstädte. Während Anfang der 90er Jahre rund 40 Prozent der Center auf der Grünen Wiese gebaut wurden, entstehen alle derzeit geplanten Einkaufszentren in der Innenstadt oder in Stadtteillagen.

Mit 133 Quadratmeter Shopping-Center-Fläche je 1 000 Einwohner rangiert Deutschland weit unter dem EU-Durchschnitt von 225,6 Quadratmeter. Großbritannien erreicht dabei einen Spitzenwert von

262 Quadratmeter. Nach wie vor liegt der Anteil der Center an der Gesamtverkaufsfläche in Deutschland lediglich bei 7,8 Prozent. Die Umsätze hingegen repräsentieren mit 37,3 Milliarden Euro in diesem Jahr einen Anteil am Gesamtmarkt von neun Prozent. Die Flächenproduktivität liegt laut Studie mit 4 111 Euro pro Quadratmeter deutlich über der des Handels insgesamt. (16), (17), (18)

# Vermarktungspotenzial für Halal-Schaffleisch wächst

Mit Ausnahme von einigen Verkaufsstellen wird im deutschen Lebensmitteleinzelhandel kein Halal-Schaffleisch angeboten. Die Unternehmen sind skeptisch, ob Muslime in einem Markt frisches Halal-Schaffleisch kaufen würden, wenn dort auch frisches Schweinefleisch verkauft wird. Damit gehen dem Einzelhandel potenzielle Umsätze verloren, denn das Vermarktungspotenzial von Halal-Schaffleisch wird weiter steigen. Grund ist ein zu erwartender weiterer Abbau der Schafbestände, insbesondere der kleineren Bestände, so dass die Versorgung mit Schaffleisch direkt aus der Region künftig erschwert wird und verstärkt im Lebensmitteleinzelhandel eingekauft werden muss. Das Marktpotenzial von Halal-Schaffleisch wird auf eine Schlachtmenge von etwa 28 000 Tonnen geschätzt. Die Nachfrage wird derzeit durch den türkischen Lebensmitteleinzelhandel abgedeckt. (19)

# Dose feiert umstrittenes Comeback

Die Getränkedose feiert ein Comeback. Der europäische Dachverband der Getränkedosenhersteller BCME meldet eine Steigerung des Büchsenabsatzes um 34 Prozent für das erste Halbjahr 2010. Einer der Hauptakteure bei der Wiedereinführung der Getränkedose ist Coca-Cola. Der Hersteller hat im Frühjahr 2010 die 0,25-Liter-Dose zusätzlich zur 0,33-Liter-Dose für die Marken Coca-Cola, Fanta, Sprite und Mezzo Mix eingeführt und 20 Millionen der Büchsen kostenlos verteilt. Auch große Brauereien wie Radeberger und Warsteiner sehen eine stärkere Nachfrage nach Dosenbier.

Doch seit der Rückkehr der Dose hat sich eine heiße Debatte entzündet. Während der BCME behauptet, dass die Dose umweltfreundlich ist und ökologisch auf Augenhöhe mit Mehrwegflaschen liegt, rät das Umweltbundesamt (UBA) dagegen den Verbrauchern, einen großen Bogen um das energieaufwendige Blech zu schlagen. (20), (21)

# Zahlen & Fakten

Abbildung 1: Konjunkturdaten der Ernährungsindustrie

| | Januar bis Juni 2010 | 2009 |
|---|---|---|
| **Umsatz nominal** | **73,5 Mrd.¬ (+0,5%)** | **149,1 Mrd. ¬ (-4,6%)** |
| davon Inland | 53,8 Mrd. ¬ | 109,8 Mrd. ¬ (-4,4%) |
| davon Ausland | 19,7 Mrd. ¬ (+8,5%) | 39,3 Mrd.¬ (-5,1 %) |
| Beschäftigte 535 000 | +1,5% | +0,7% |
| Herstellerpreise | -1,2% | |
| Verbraucherpreise | +0,1% | |

Veränderungen gegenüber dem entsprechenden Vorjahreszeitraum in Klammern Quelle: BVE Entnommen aus: afz - allgemeine fleischer zeitung 36/2010, S. 2, (1)

Abbildung 2: Top 10 der deutschen Wasserhersteller

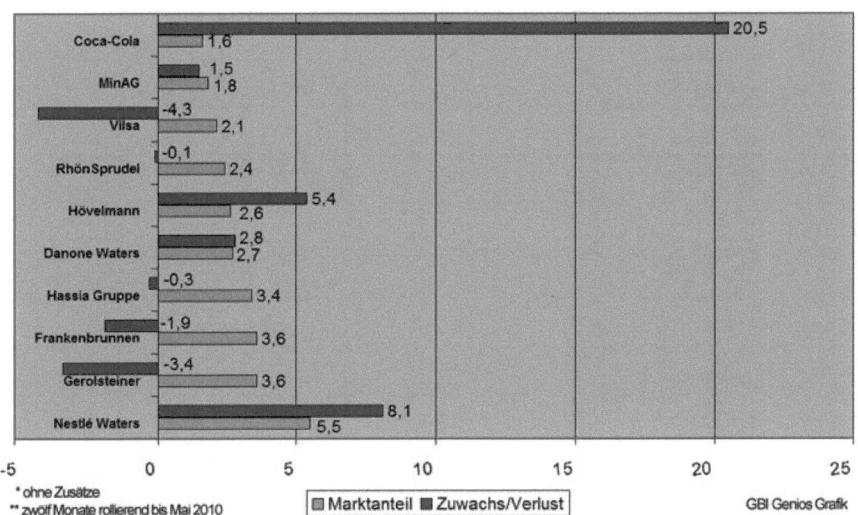

**Marktanteil und Volumenänderung der Wasserhersteller\* 2010\*\***
**Angaben in Prozent**

| | Marktanteil | Zuwachs/Verlust |
|---|---|---|
| Coca-Cola | 20,5 | 1,6 |
| MinAG | 1,8 | 1,5 |
| Vilsa | 2,1 | -4,3 |
| RhönSprudel | 2,4 | -0,1 |
| Hövelmann | 2,6 | 5,4 |
| Danone Waters | 2,7 | 2,8 |
| Hassia Gruppe | 3,4 | -0,3 |
| Frankenbrunnen | 3,6 | -1,9 |
| Gerolsteiner | 3,6 | -3,4 |
| Nestlé Waters | 5,5 | 8,1 |

\* ohne Zusätze
\*\* zwölf Monate rollierend bis Mai 2010    ☐ Marktanteil ■ Zuwachs/Verlust    GBI Genios Grafik

Quelle Nielsen Entnommen aus: Lebensmittel Zeitung 28/2010, S. 12, (5)

Abbildung 3: Das Ranking - Service in Supermärkten und Discount

| Unternehmen | Service-Wert "K"\* | Rang |
|---|---|---|
| Alnatura | 68 | 1 |
| Globus | 66 | 2 |
| Tegut | 63 | 3 |
| Kaufland | 60 | 4 |
| Familia Nordwest | 58 | 5 |
| Familia Nordost | 58 | 6 |
| Edeka | 57 | 7 |

| | | |
|---|---|---|
| Aldi Süd | 55 | 8 |
| Rewe | 52 | 9 |
| Real | 51 | 10 |
| Gesamt-Durchschnitt | 51 | |
| Aldi Nord | 51 | 11 |
| Marktkauf | 49 | 12 |
| Hit | 48 | 13 |
| Lidl | 47 | 14 |
| Toom Markt | 47 | 15 |
| Netto Supermarkt | 46 | 16 |
| Kaisers Tengelmann | 44 | 17 |
| Penny-Markt | 40 | 18 |
| Norma | 39 | 19 |
| Netto Markendiscount | 35 | 20 |

* "K" berechnet sich aus den Urteilen der Kunden zu "Eingehen auf Kundenbedürfniss", "Verbindlichkeit von Aussagen", "Umgang mit Beschwerden" Quelle: ServiceValue GmbH Entnommen aus: afz - allgemeine fleischer zeitung 33/2010, S. 5, (13)

Abbildung 4: Die expansivsten Händler in Deutschland

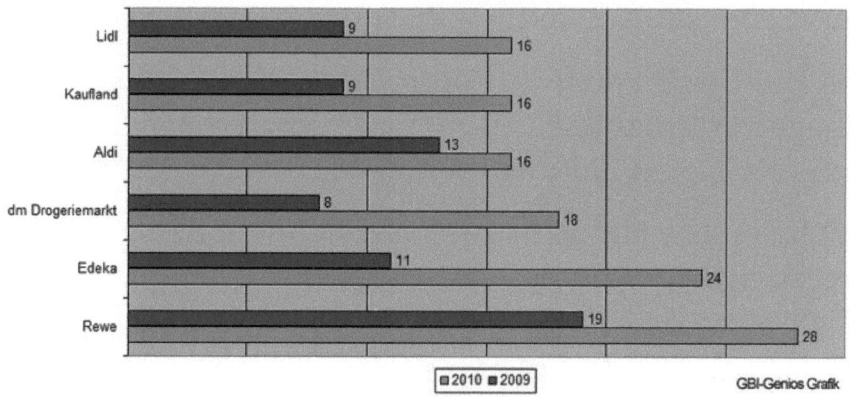

Zahl der gemeldeten Vermittlungen für Neumietungen in Deutschland 2009/2010

Quelle: CB Richard Ellis GmbH Entnommen aus:
Lebensmittel Zeitung 34/2010, S. 50, (14)

# Weiterführende Literatur

(1) Ernährungsindustrie mit kleinem Plus
aus afz - allgemeine fleischer zeitung Nr. 36 vom
08.09.2010 Seite 002

(2) Exporte ziehen deutlich an
aus Lebensmittel Zeitung 35 vom 03.09.2010 Seite 017

(3) Preissprünge auf Rohwarenmärkten
aus Lebensmittel Zeitung 35 vom 03.09.2010 Seite 082

(4) Bierabsatz im ersten Halbjahr 2010 gesunken
aus Agra-Europe (AgE), 51. Jahrgang Nr. 31 vom
02.08.2010

(5) Ringen um Anteile
aus Lebensmittel Zeitung 28 vom 16.07.2010 Seite 012

(6) Handelsmarkenwachstum wirkt sich aus LEH steigert Markanteil
aus Die Tabak Zeitung vom 27.08.2010, Nr. 034/2010

(7) Im ersten Halbjahr 2010 verzeichnete der Markt allerdings ein Minus von 2,4 Prozent Zigarettenauslieferungen im Juni gestiegen
aus Die Tabak Zeitung vom 09.07.2010, Nr. 027/2010

(8) Bio im LEH wächst verhalten
aus afz - allgemeine fleischer zeitung Nr. 37 vom 15.09.2010 Seite 005

(9) Bio erweist sich als krisenresistent
aus Lebensmittel Zeitung 32 vom 13.08.2010 Seite 008

(10) Der Bio-Umsatz wächst doch noch
aus afz - allgemeine fleischer zeitung Nr. 31 vom 04.08.2010 Seite 005

(11) Die Starken im Lebensmitteleinzelhandel werden noch stärker
aus Börsen-Zeitung, 24.08.2010, Nummer 161, Seite 10

(12) Selbst der Discount büßt Umsatz ein
aus Lebensmittel Zeitung 29 vom 23.07.2010 Seite 006

(13) Kundenservice als Differenzierungsmerkmal
aus afz - allgemeine fleischer zeitung Nr. 33 vom 18.08.2010 Seite 005

(14) Supermärkte führen die Expansionsliste an
aus Lebensmittel Zeitung 34 vom 27.08.2010 Seite 050

(15) D: Markt für Mineralwasser 2008 bis 2010
aus Lebensmittel-Zeitung, 04.06.2010, S. 34

(16) Shopping-Center zieht es in die Citys
aus Lebensmittel Zeitung 29 vom 23.07.2010 Seite 004

(17) Zu wenig LEH in Shopping-Centern
aus Lebensmittel Zeitung 30 vom 30.07.2010 Seite 003

(18) Kleinteilige Center prägen die Städte
aus Lebensmittel Zeitung 30 vom 30.07.2010 Seite 032

(19) Das Absatzpotenzial von Schaffleisch
aus Fleischwirtschaft 08 vom 27.08.2010 Seite 074

(20) Chancen
aus Rundschau für den Lebensmittelhandel Nr. 09
vom 01.09.2010 Seite 050

(21) Chancen
aus Rundschau für den Lebensmittelhandel Nr. 09
vom 01.09.2010 Seite 048

(22) Konjunkturreport Ernährungsindustrie Oktober
2010Ernährungsindustrie schafft 7.500 neue
Arbeitsplätze
aus Rundschau für den Lebensmittelhandel Nr. 09
vom 01.09.2010 Seite 048

(23) Vier Konzerne beherrschen den Markt
aus Hamburger Morgenpost vom 19.08.2010 Seite 03

# Impressum

## Branchenreport LEBENSMITTEL Ausgabe 2/2010

### Bibliografische Information der deutschen Nationalbibliothek

Die Deutsche Nationalbibliothek verzeichnet diese Publikation in der deutschen Nationalbibliografie; detaillierte bibliografische Daten sind im Internet über http://dnb.d-nb.de abrufbar.

ISBN: 978-3-7379-1883-1

© 2015 GBI-Genios Deutsche Wirtschaftsdatenbank GmbH, Freischützstraße 96, 81927 München, www.genios.de

oder ähnliche Einrichtungen und die Einspeicherung und Verarbeitung in elektronischen Systemen.